RES

R?

Jugamos

EL JUEGO DE CONSTRUCCIÓN

Montse Ganges
Tommaso

Combel
EDITORIAL

www.combeleditorial.com

PIEZA A PIEZA,
¿SABES QUÉ HA CONSTRUIDO ADRIANA?

Pieza a pieza,
¿sabes qué ha construido Adriana?

ADRIANA HA HECHO UNA CASA.

Adriana ha hecho una casa.

PIEZA A PIEZA,
¿SABES QUÉ HA CONSTRUIDO PEDRO?

Pieza a pieza,
¿sabes qué ha construido Pedro?

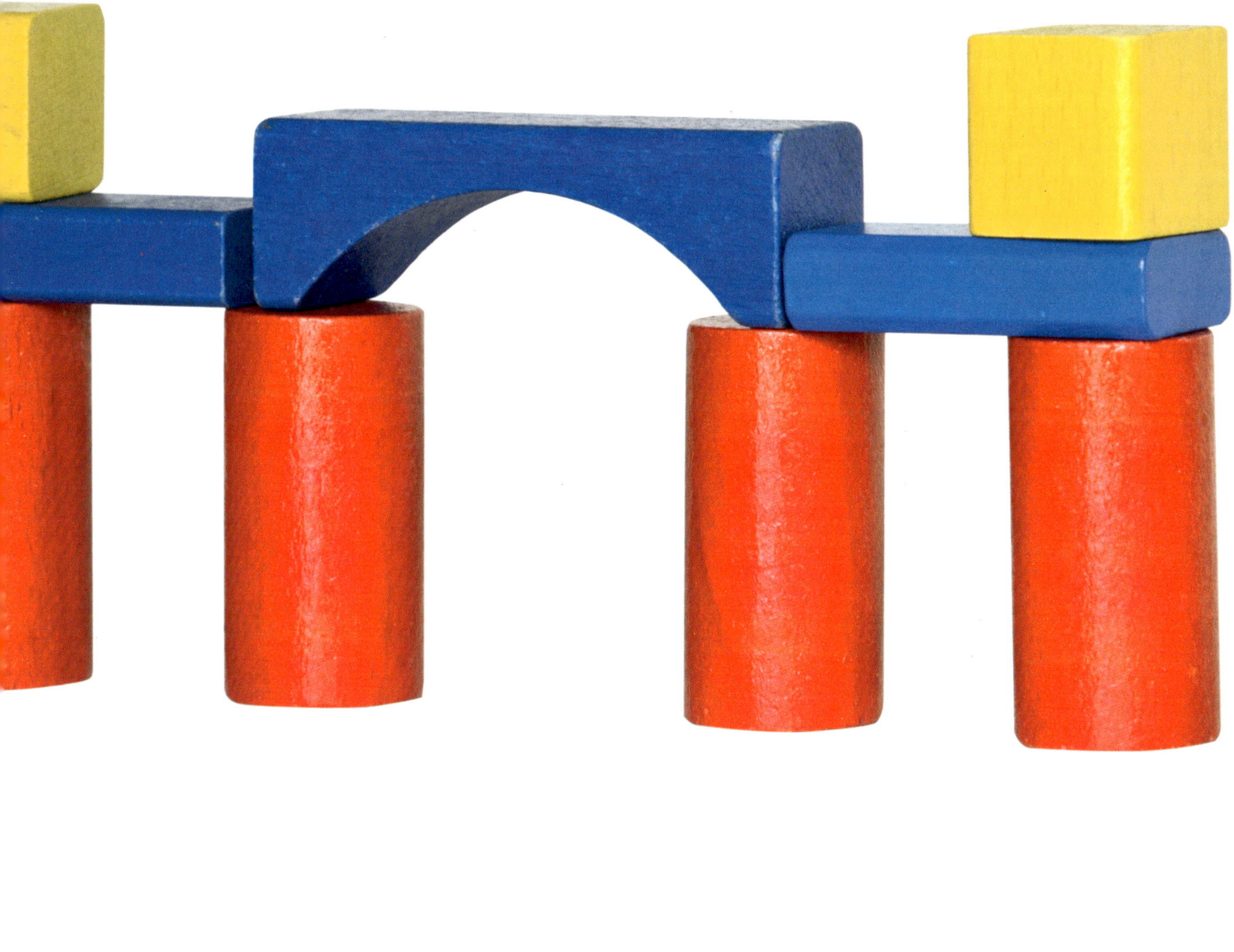

PEDRO HA HECHO UN PUENTE.

Pedro ha hecho un puente.

PIEZA A PIEZA,
¿SABES QUÉ HA CONSTRUIDO FÉLIX?

Pieza a pieza,
¿sabes qué ha construido Félix?

FÉLIX HA HECHO UN ROBOT.

Félix ha hecho un robot.

PIEZA A PIEZA,
¿SABES QUÉ HA CONSTRUIDO MONTSE?

Pieza a pieza,
¿sabes qué ha construido Montse?

MONTSE HA HECHO UN CASTILLO.

Montse ha hecho un castillo.

PIEZA A PIEZA,
¿SABES QUÉ HA CONSTRUIDO JOSÉ?

Pieza a pieza,
¿sabes qué ha construido José?

¡JOSÉ HA HECHO LA TORRE
MÁS ALTA DEL MUNDO!

¡José ha hecho la torre
más alta del mundo!

¡CUÁNTAS FORMAS Y COLORES! ¿TE ACUERDAS?

FÍJATE BIEN EN ESTE JUEGO DE CONSTRUCCIÓN.
¿CUÁNTAS PIEZAS EN FORMA DE TRIÁNGULO HAY?

CUANDO TERMINES DE JUGAR, ACUÉRDATE
DE GUARDAR LOS JUGUETES.

¿QUIERES JUGAR?